AF246165

DE L'UNE

DES BASES FONDAMENTALES

DE LA CONSTITUTION,

TIRÉE

DES PRINCIPES DE FINANCES.

PAR J. B. M. JOLLIVET.

DE L'UNE

DES BASES FONDAMENTALES

DE LA CONSTITUTION

TIRÉE

DES PRINCIPES DE FINANCES.

PAR J. B. M. JOLLIVET.

« Tout fonctionnaire public doit être propriétaire de Biens-fonds, et créancier de l'État ».

1. C'EST une chose fâcheuse, sans doute, qu'une nation ne puisse être organisée pour la *défense* qu'elle ne le soit en même-tems pour *l'attaque*, et, par conséquent, pour la *conquéte*; mais telle est la condition humaine, qu'elle paroît se refuser, du moins quant à présent, à ce que les diverses peu-

plades puissent s'accorder irrévocablement pour vuider leurs querelles autrement que par la force.

Et quand il seroit permis d'espérer qu'à une époque plus ou moins éloignée de nous, leur intérêt mieux entendu, une civilisation plus avancée, dûssent les déterminer à se choisir un arbitre ou un juge commun, toujours est-il certain que, dans cette hypothèse, il n'y auroit point d'autre instrument que la force pour vaincre la résistance à ses jugemens.

2. Lorsqu'une Nation n'est point organisée *suffisamment* pour la défense, l'attaque et même la conquête, son Gouvernement est exposé à périr, et la Nation à être subjuguée ; d'où il suit que le premier de ses besoins, celui auquel tous les autres se trouvent impérieusement subordonnés, c'est d'être *constituée* avec la plus forte énergie à l'égard des autres Nations.

3. Quoique, par leur évidence même,

ces vérités soient devenues triviales, j'ai besoin cependant de les consigner ici pour ne point interrompre la chaîne des idées, et arriver plus certainement à la démonstration absolue et rigoureuse de la base constitutionnelle dont il s'agit.

4. Une de ces vérités tout aussi palpable et qu'il suffit d'énoncer, c'est qu'une Nation ne peut se trouver dans un état *respectable* de défense à l'égard des Puissances rivales, qu'autant qu'elle est en mesure d'avoir à sa disposition le dernier *écu ;* puisque, toutes choses égales d'ailleurs, c'est celui-là qui, par-tout et dans tous les tems, est destiné à faire la *loi* aux autres.

5. On n'a point à sa disposition ce dernier écu, et, au contraire, soit dans l'état de paix, soit dans l'état de guerre, on en rend possesseur le rival ou l'ennemi, par

les échafauds de la terreur,

les proscriptions,

l'ostracisme ,

le régime des confiscations ,

le droit de succéder , conféré à la Nation à l'exclusion des parens ,

les sequestres ,

les réquisitions ,

le maximum ,

la réduction de la dette publique ,

les loix d'ôtages ,

les emprunts forcés ,

la cottisation progressive , etc. etc.

6. Mais on l'obtient, ce dernier écu, en disposant les diverses parties de l'organisation sociale, de manière que chacune d'elles en particulier, et toutes ensemble, concourent à faire *baisser* l'intérêt de l'argent et *hausser* le prix vénal des biens-fonds ; en un mot, qu'il faille le plus d'argent possible pour acheter ou se procurer un *revenu* quelconque ; car alors

1°. Le salaire des agens nécessaires à l'action du gouvernement , pouvant être *abaissé* dans le même rapport, et de plus, les dépenses publiques se trouvant dégagées d'une partie de l'*intérêt* ou de l'*escompte* des fonds d'avance employés aux fournitures de la guerre, de la marine, etc. etc. il en résulte que la Nation est en état de se défendre mieux avec autant d'argent, ou tout aussi bien avec moins d'argent qu'auparavant.

2°. Les recettes publiques se trouvent, sans le secours d'aucune loi fiscale, améliorées de toute la portion relative à l'augmentation des prix; d'où résulte accroissement de puissance en faveur de la Nation ainsi *constituée*.

7. Pour arriver à la *baisse* de l'intérêt de l'argent, et à la *hausse* du prix vénal du territoire, il est indispensable

1°. De faire disparaître toutes les *chances défavorables* au prêteur et à l'acquéreur;

2°. De rendre *la plus grande possible* la concurrence des prêteurs et des acquéreurs.

8. La première de ces deux conditions exige des développemens qui trouveront leur place ailleurs (1).

La seconde est proprement le sujet de cet écrit.

9. Il y a deux manières de rendre *la plus grande possible* la concurrence des prêteurs et des acquéreurs : elles consistent,

L'une à *diminuer* le nombre des emprunteurs et des vendeurs, sans toucher aux premiers ;

L'autre à *augmenter* le nombre des prêteurs et des acquéreurs, sans toucher aux seconds.

10. On ne peut diminuer le nombre des *emprunteurs* sans renoncer aux *emprunts*

______

(1) C'est à la constitution et au code civil qu'il appartient de résoudre ce problême, et il sera d'autant mieux résolu , que l'un et l'autre, avant d'être approuvés définitivement , auront été soumis à l'épreuve de l'analyse financière.

publics, renonciation absurde, et qui seroit une véritable mutilation du corps
social (2).

---

(2) Dans l'état de guerre, la thésaurisation plus grande
d'une part, et de l'autre, la lenteur et l'irrégularité de
la circulation ne permettent presque jamais d'élever, par
de nouvelles contributions, les recettes au niveau des
dépenses. De-là, la nécessité d'y pourvoir par l'antici-
pation.

Il y a trois espèces d'anticipations composées ;

La première, de la délégation sur des revenus à
écheoir ;

La seconde, de la vente des domaines nationaux, s'il
en existe d'aliénables.

La troisième, de l'emprunt accompagné d'une nou-
velle contribution pour en payer les intérêts.

Je laisse à la sagacité du lecteur le soin de rechercher
et de trouver pourquoi la première est plus coûteuse à
la Nation que la seconde, et celle-ci plus que la troisième.

Mais, parce que l'emprunt est moins cher que toutes
les autres anticipations, il est clair qu'il n'y auroit pas
plus de raison de s'en priver que de se couper une jambe
pour aller plus vite.

Au reste, je me propose de réduire bientôt à l'analyse (instrument qui m'a déjà préservé de beaucoup
d'erreurs) la dette publique, avec tous ses effets sur le
régime social : et j'espère dégager cette matière de tous
les faux raisonnemens qui l'ont obscurcie, de tous les

On ne peut également diminuer le nombre des *vendeurs* , sans rentrer plus ou moins dans le régime des *substitutions* , de la *main-morte* ou de la *dotation en biens-fonds* , etc. , etc. , régime qui soustrait au commerce une portion du territoire , mais dont les inconvéniens , relativement aux autres parties de l'économie sociale , l'emportent de beaucoup sur l'avantage qu'on ne peut lui contester de faire *hausser* le prix vénal des biens-fonds , et , par contre-coup , *baisser* l'intérêt de l'argent.

11. Mais , puisque ce premier moyen doit être abandonné , il est clair qu'il faut recourir au second , sous peine d'accorder à l'ennemi le droit de recueillir le dernier écu , ou , en d'autres termes , de le rendre plus puissant que vous.

---

préjugés funestes à ma Patrie , dont elle est encore environnée, et qui, en ce moment, menacent d'égarer des hommes influens, ou qui doivent le devenir , par des qualités qui les rendent recommandables à mes yeux , comme à ceux de leurs autres concitoyens.

Ce second moyen consiste à *augmenter le nombre ou la concurrence des préteurs et des acquéreurs*, en imposant à tous les citoyens, l'obligation, non de prêter ou d'acheter, lorsqu'ils n'en ont point le pouvoir ou la volonté, mais seulement, de ne pouvoir accepter aucunes fonctions publiques, ni en commencer l'exercice, sous peine de nullité de leur nomination, sans avoir préalablement justifié :

1°. *Qu'ils sont propriétaires de biens-fonds et créanciers de l'État ;*

2°. *Qu'ils le sont dans la proportion assignée à chaque espèce de fonction.*

Ainsi, la concurrence doit naître du candidatisme même, ce qui la porte à son *maximum*.

12. Cette disposition constitutionnelle doit frapper tous les fonctionnaires publics, indistinctement, et non pas quelques-uns d'entre eux, tels que les électeurs, etc. ; car, en ce cas, elle ne rempliroit que très-imparfaitement son objet, qui est d'appeler

le plus grand grand nombre de citoyens à prêter et acquérir.

13. En la généralisant ainsi, on y trouve deux autres avantages ;

Le premier, d'offrir l'intérêt personnel même des agens du Gouvernement, pour garantie du bon exercice des fonctions publiques.

Le second, qui en dérive immédiatement, c'est d'encourager tous les autres citoyens, non-seulement par leur confiance en cette garantie, mais encore par l'impulsion qu'ils en recevroient des fonctionnaires publics, à mettre toute leur fortune en évidence, à l'employer de la manière la plus utile à l'accroissement de la richesse publique, et finalement à se placer au nombre des prêteurs et des acheteurs.

14. Mais, à l'exception des électeurs, il n'est pas nécessaire de tenir élevée (3) la

____

(3) Il sera plus facile de déterminer cette proportion, soit en biens-fonds, soit en créances sur l'état, d'après

proportion assignée à chaque espèce de fonctions ; car trop d'exigeance à cet égard doit affoiblir la concurrence des candidats, par conséquent, celle des préteurs et des acheteurs, outre qu'elle rendroit plusieurs

---

la connoissance de l'espèce et du nombre des fonctionnaires qui devront résulter du projet de constitution et de ses diverses loix organiques.

Toutefois, je pense, quant à la dette de l'état, qu'il suffiroit, pour la dernière classe des fonctionnaires publics, d'une inscription de la plus petite coupure qui est, je crois, celle à 50 francs par an ; et de 1000 fr. pour la fonction la plus élevée en pouvoir ou en dignité : la question relative aux électeurs toujours exceptée.

Quant aux simples salariés ou employés, leur imposer ces conditions, ce seroit ou affoiblir la responsabilité des fonctionnaires publics dont ils ne sont que les instrumens, ou gêner la liberté de leur choix, ou comprimer le plus heureux développement de leurs fonctions, ou enfin les rendre plus coûteuses. Je ne puis, cependant, vu l'importance de leurs fonctions et l'influence qu'elles ont sur l'administration générale de l'état, ranger dans la classe des simples salariés ou employés, les chefs des divisions des divers ministères, quoiqu'ils n'aient point la signature.

fonctions inaccessibles à ceux qui se trou-
veroient le plus dignes de les remplir,
jusqu'à ce que leurs économies les en aient
rapprochés.

15. Enfin, je comprends la dette publique
dans la condition de la propriété nécessaire
à l'exercice des fonctions publiques, parce
que plus cette dette sera recherchée et répar-
tie sur un plus grand nombre de têtes, plus
elle sera respectée dans l'opinion publique,
plus il y aura de personnes intéressées au
maintien du crédit de l'État, à la fixité, à
la perpétuité du Gouvernement, plus, par
conséquent, l'intérêt de l'argent doit *baisser*,
et *plus*, en dernière analyse, *la Nation
ainsi constituée doit être riche, indus-
trieuse, puissante et libre* : CE QU'IL FAL-
LOIT DÉMONTRER.

16. Je sais toutes les objections que l'on peut faire contre cette théorie, et principalement contre l'admission de la dette publique, à raison ou de son amortissement probable, (opération qu'il seroit dangereux de livrer au premier apperçu), ou de la forme fugitive qui pourroit lui être donnée pour aggrandir les moyens de circulation, etc., etc.

On me citera aussi un membre très-connu du Parlement d'Angleterre, qui s'y est introduit à la faveur d'un faux contrat.

Enfin, tout en convenant de l'efficacité de cette base, on prétendra que le tems n'est pas encore venu de la rendre constitutionnelle.

Mais je m'engage à lever ces objections, non auprès de la foule, à laquelle il faudroit des volumes, mais auprès des hommes éclairés à qui je fais passer cet Ouvrage, et dont je respecte trop le temps pour ne

pas renfermer ma réponse dans la plus sé-
vère et la plus courte analyse ; et j'espère
bien les convaincre, non-seulement de la
possibilité de réaliser cette base , sans la
déshonorer par aucun effet rétroactif, mais
encore de son absolue nécessité.

*Paris , quai et place de la Monnoie , numéros 6
et 187, le 1er. Frimaire , an 8.*

JOLLIVET.

De l'imprimerie de Goujon fils, rue de Taranne, n°. 737.